LES

Associations Coopératives

ET

Le Socialisme

Conférence faite à la Loge " La Fraternité Vosgienne "

O∴ D'ÉPINAL

PAR UN F∴ DE L'ATELIER

ÉPINAL
IMPRIMERIE NOUVELLE, 10, RUE AUBERT
—
1908

Les Associations Coopératives

ET

LE SOCIALISME

Conférence faite à la Loge " La Fraternité Vosgienne "

O∴ D'ÉPINAL

PAR UN F∴ DE L'ATELIER

La coopération est une association libre de personnes, formée indépendamment des collectivités naturelles ou territoriales.

Elle a pour objet d'assurer la fonction productrice, industrielle, agricole ou commerciale par d'autres modes que le régime actuel de production, qu'on appelle le régime de l'entreprise, et qui se compose, on le sait, d'un patron propriétaire des instruments de production et des produits, et d'ouvriers louant à ce patron leur force de travail.

A ce régime, *la coopération de production* veut substituer un régime nouveau, où c'est l'association même d'un certain nombre d'ouvriers qui accomplit la fonction patronale, en exerce les droits et en recueille les profits, et où les associés qui travaillent dans l'association cessent ainsi d'être, à proprement parler, des salariés.

A ce même régime de l'entreprise, appliqué surtout aux fonctions commerciales, *la coopération de consommation* en veut substituer un autre où la fonction auparavant accomplié par le commerçant, par le détaillant, par le chef d'entreprise, se trouve être assurée par l'action et au profit d'une association des consommateurs desservis par ce commerce ou cette entreprise.

Spécialement pour le crédit et la banque, *la coopération de crédit* consiste à faire accomplir la fonction du banquier par l'association même de ceux qui usent du crédit et à leur profit.

Enfin, dans l'agriculture, à ce régime de production où les agriculteurs propriétaires produisent isolément et sont obligés, soit pour la vente de leurs produits, soit pour l'achat de certaines matières premières, soit pour l'exécution de certains travaux ou l'emploi de certains instruments, de recourir et de profiter à d'autres entreprises commerciales ou industrielles, *la coopération agricole* veut substituer un régime où c'est l'association même de ces propriétaires terriens qui accomplit, pour le compte et au profit de ces producteurs mêmes, cette fonction de vente des produits, d'achats de matières premières, cette organisation de la production, cette acquisition et cet emploi de certaines machines.

On le voit, la coopération, sous ses diverses formes, a pour trait essentiel de faire accomplir par l'association libre d'un certain nombre d'individus, et au profit de ces individus mêmes, une fonction économique qui les intéresse très directement et qui était auparavant accomplie par l'action et au profit de personnes ou entreprises extérieures à eux.

Ces indications suffisent à montrer comment la coopération peut intéresser le socialisme. Elle enlève la direction et le bénéfice de certaines parts de l'œuvre productrice à quelques individus ou entreprises qui les détenaient en vertu de telle ou telle condition économique privilégiée, pour faire passer à la fois cette direction et ce bénéfice à une collectivité d'intéressés qui paraissent, en tout cas, y avoir beaucoup plus de droits.

Il nous importe donc d'examiner ici la coopération sous

es différentes formes, pour rechercher si elles réussissent,
t si elles réussissent toutes également, à atteindre cet
bjet ; et pour reconnaître par là même si elles servent et
esquelles servent à la réalisation du socialisme et dans quelle
mesure l'œuvre possible de la coopération a besoin d'être
omplétée par d'autres actions.

Coopération de Production

Les associations ouvrières de production ont joui d'une grande faveur, en France, au milieu du siècle dernier. Il s'en forma un grand nombre en 1848 et, pendant le second Empire, beaucoup d'ouvriers conservèrent une grande confiance dans ce moyen d'émancipation.

Ces entreprises ont, en somme, assez faiblement réussi.

Il convient de signaler d'abord l'action exercée par le pouvoir central, dès 1849, et encore plus au début du second Empire, pour étouffer le mouvement des associations ouvrières. Mais depuis, notamment sous la troisième République, le pouvoir politique a pris, à leur égard, une attitude favorable, et pourtant leur développement reste assez limité.

Parmi les causes de leur échec, il faut placer assez souvent le défaut de discipline et de direction.

Pour aboutir, de telles tentatives exigent un grand développement de l'esprit d'association parmi les travailleurs. L'absence d'une bonne ou suffisante direction technique est également responsable d'un certain nombre d'insuccès.

La bonne volonté et l'assiduité des ouvriers ne suffisent pas à assurer le développement d'une entreprise industrielle. La direction, l'organisation de la production exigent des qualités et des compétences spéciales qui ne se rencontrent pas toujours parmi les ouvriers associés ou chez celui d'entre eux qu'ils mettent à la tête de l'entreprise.

Le manque de capitaux a aussi arrêté dans leur développement un certain nombre de ces sociétés, au moins dans les industries où l'outillage, les réserves qui permettent

supporter les crises, les avances qui sont nécessaires pour
gager les entreprises à long terme, ont une grande impor-
nce.

Mais surtout, ce qui a causé le plus grand nombre d'échecs,
est que ces associations, même disciplinées, même assez
tillées et pourvues des capitaux nécessaires, suffisantes,
un mot, au point de vue de la fonction industrielle, se
nt, sauf exception, montrées fort insuffisantes à assurer la
nction commerciale dans leur entreprise.

L'expérience semble enseigner que ces associations *savent*
arrivent à savoir produire; elles ne savent pas, ou n'arrivent
e difficilement ou rarement à *savoir acheter* et à *savoir vendre.*
ussi comprend-on que les socialistes aient souvent critiqué
ssociation ouvrière de production comme une institution
ine, mentant à ses principes et risquant de détourner la
asse ouvrière des seules méthodes vraiment efficaces pour
n émancipation.

En fait, on ne constate un succès relatif de ces associations
e dans les entreprises qui, précisément, n'exigent pas la
alisation des conditions que nous venons d'énumérer.

On voit des coopératives vivre partout où vit la petite
ntreprise, l'exploitation directe par un petit patron, aidé de
uelques ouvriers.

Tel est le cas des sociétés d'imprimeurs, de cordonniers,
e cochers, de peintres en bâtiments, de vanniers, etc.
ans ces établissements, les ouvriers sont peu nombreux, et
existe entre eux des liens de camaraderie très étroits ; les
ifférentes fonctions industrielles ne sont pas différenciées, et
nt souvent cumulées par un seul individu : car, dans la
etite entreprise correspondante, le patron serait en même
mps contremaître et ouvrier, comptable et directeur. L'ou-
llage y est peu coûteux, et la mise en train de l'affaire
'exige que peu de capitaux ; l'habileté des ouvriers est la
ondition essentielle du succès de ces entreprises.

Enfin, le problème commercial de l'achat et de la vente

des produits, de la constitution et de la direction de la clientèle, y est relativement simple et il peut se trouver plus aisément des directeurs capables d'y satisfaire tant bien que mal. Aussi est-il permis de penser que, dans ces cas, l'association des ouvriers ou même des petits producteurs indépendants peut se substituer aisément, et avantageusement même, au petit patronat et à la production isolée.

Mais, — et ceci est peut-être le reproche le plus grave qu'y peut adresser non seulement l'esprit socialiste, mais aussi l'esprit syndical, — lorsque les sociétés ouvrières de production réussissent, elles restent rarement fidèles aux principes économiques qu'elles prétendaient établir. Elles ont pour objet de supprimer les bénéfices que procurent au chef d'entreprise la possession du capital et la direction de la production et de répartir le gain de l'entreprise entre les travailleurs associés.

Or, il arrive que les membres fondateurs et, lorsqu'une constitution du capital a été nécessaire, les associés propriétaires des actions de ce capital se réservent les bénéfices de l'entreprise, et, si elle réussit, ils ne font pas appel, pour les aider, à de nouveaux actionnaires, mais ils engagent des auxiliaires qu'ils traitent comme de simples ouvriers salariés, qui n'ont qu'une faible part, et parfois même aucune part dans les bénéfices. Ou bien ce sont les nécessités de suivre les mouvements de la production qui obligent les premiers associés à augmenter, temporairement parfois, et, en tout cas à titre provisoire, le nombre des travailleurs de l'établissement. Mais comment les premiers associés, qui ont supporté les bonnes et les mauvaises chances de l'affaire depuis l'origine, consentiraient-ils aisément à donner à ces nouveaux venus, à ces auxiliaires de passage, un droit égal au leur sur les bénéfices de l'entreprise ? Voici donc que, l'établissement se développant, sa valeur augmente, ses réserves grossissent ; et cette plus-value se traduit par une hausse des actions possédées par les premiers sociétaires, par une hausse des répartitions affectées aux premiers associés. Et ainsi, on retombe dans la situation que l'on voulait éviter.

Le privilège du capital ou bien le privilège d'une situation acquise est seul, en dernière analyse, à bénéficier de la prospérité de l'entreprise. Il est vrai, le nombre des patrons est changé ; mais il y a, à nouveau, des patrons et des ouvriers ; et de ces nouveaux patrons on voit l'esprit syndical et la conscience ouvrière disparaître rapidement.

Une association ouvrière n'atteindrait vraiment son but que si elle avait une constitution telle que le nombre des actions dût s'accroître à mesure que la société se développerait, et que le nombre des associés dût s'élever à mesure que le nombre des travailleurs employés augmenterait. De cette façon, les actions ne recevant toutes jamais qu'un intérêt fixe, les bénéfices de l'entreprise reviendraient toujours à tous les travailleurs, quelle que fût leur position dans l'entreprise ; il ne se créerait pas à l'intérieur de l'association, une classe de patrons, et la seule diversité des aptitudes et des fonctions créerait l'inégalité de traitement.

Cette forme idéale de l'association de production n'a guère été réalisée ; et il faut bien dire qu'avec les conditions de la production dans la plupart des industries elle n'apparaît pas aisément réalisable.

Cette impossibilité d'aboutir à une association de production, qui reste sûrement fidèle à son principe, tient, peut-être, à ce que le principe même de cette tentative est inexact. Ce n'est pas aux mineurs qu'appartient ni ne doit appartenir la mine, ni la direction et le bénéfice de la production du charbon ; ce n'est pas aux employés de chemin de fer qu'appartiennent ni doivent appartenir les chemins de fer et la direction de l'exploitation. C'est à la collectivité.

Le groupement des ouvriers d'une industrie a une fonction, une fonction essentielle, celle d'obtenir pour ces ouvriers les

conditions de travail et de rémunération les plus avanta-
geuses possible à la fois pour eux et pour la collectivité.
C'est la fonction que remplit le syndicat ; l'association ouvrière proprement dite doit s'y tenir. Quant à posséder les
moyens de production et à diriger la production, c'est un
droit et une œuvre qui appartiennent à ceux qui doivent en
profiter, à ceux pour qui la production est accomplie, c'est-à-
dire à l'ensemble de la collectivité consommatrice.

De cette vue est née en France, à la fin du siècle dernier,
une tentative qui mérite d'être signalée ici.

On se rappelle comment, à la suite de la grande grève des
verriers de Carmaux et de l'intransigeance d'un patron, refu-
sant de reprendre un certain nombre de ses anciens ouvriers,
l'idée s'imposa de fonder, pour ceux-ci, une verrerie qui les
employât. L'idée nouvelle fut ici d'attribuer la propriété du
nouvel établissement, la Verrerie ouvrière d'Albi, non pas à
ces verriers associés, mais à l'ensemble des associations ouvrières, coopératives, syndicats, etc., qui avaient souscrit
les fonds nécessaires à la construction et à la mise en train
de l'usine et s'étaient instituées les clientes de sa production.
Les résultats de cette institution d'un type nouveau, malgré
diverses vicissitudes, ne sont pas sans valeur. Mais jusqu'ici
il ne s'est pas produit de tentative semblable en d'autres
ordres d'industrie.

En France, l'Etat s'est généralement montré favorable au
développement des associations ouvrières de produciion. Il
les encourage actuellement à l'aide de subventions.

La méthode employée est discutable.

L'examen des demandes des sociétés et la nécessité de
soustraire cette procédure économique aux influences poli-
tiques exigeraient le développement d'une organisation qui
n'existe qu'à l'état embryonnaire.

Il conviendrait plutôt de créer une institution de crédit com-
mune aux associations ouvrières, qui recevrait et utiliserait,
si l'on veut, des subventions de l'Etat, mais qui serait de

gestion autonome. La question des encouragements aux associations de production est une question de crédit mutuel qui n'a pas encore reçu de solution.

L'Etat s'est efforcé, d'autre part, de faciliter l'accès des associations ouvrières aux adjudications des travaux publics. Ici encore, la tendance actuelle est bonne ; la méthode employée est discutable.

Les associations ouvrières peuvent, avec leurs ressources et leur organisation, entreprendre certains travaux publics, qui sont exécutés actuellement par de petits patrons. Mais elles ne semblent pas aptes, en général, à se lancer dans les grandes entreprises qui exigent un outillage important, de fortes avances de fonds et une méthode financière assez délicate, surtout en ce qui concerne l'amortissement.

Dans ce cas, n'apparaît-il pas préférable que l'Etat, les départements et les communes, qui possèdent un personnel éprouvé de techniciens, acquièrent un outillage et fassent exécuter directement leurs travaux par des associations temporaires d'ouvriers dont l'organisation se rapprocherait des conditions du travail en commandite ?

Coopération de Consommation

Les sociétés coopératives de consommation ont pour objet d'organiser les consommateurs et d'assurer, par leur association, la fonction que remplissent les commerçants dans l'ordre économique actuel.

Le principe de ces sociétés découle d'une appréciation très exacte des conditions du commerce. Le commerçant attire et dirige une clientèle sur la consommation de laquelle il prélève un bénéfice. Les coopérateurs se proposent, d'associer des consommateurs et d'obtenir, par l'association, la clientèle fixe que le commerçant a beaucoup de peine à attirer et à retenir.

La force de la société coopérative de consommation réside donc dans le lien qui unit ses membres, et son succès dépend du degré de développement de l'esprit d'association qui les anime.

Les sociétés coopératives de consommation n'ont pas besoin de capitaux considérables ; il leur suffit d'une faible somme pour effectuer leurs opérations. En effet, de même que leur développement est lié à l'esprit d'association qui anime leur clientèle, leur mouvement d'affaires est fondé sur la solvabilité même de leurs clients.

Les sociétés coopératives de consommation ne doivent pas faire de crédit. C'est à la vente au comptant qu'elles demandent les fonds de roulement nécessaires pour assurer la bonne marche de leurs affaires. Il en résulte qu'au lieu d'être les banquiers de leurs clients, comme le sont les commerçants, et de retenir, sous forme de bénéfices plus élevés, l'intérêt de leurs avances, les sociétés coopératives ont leurs clients pour banquiers et les font bénéficier indirectement de l'escompte.

La clientèle organisée est le pivot de la société coopérative de consommation ; c'est donc aux clients que doivent revenir les bénéfices de l'entreprise.

Le capital n'est rémunéré que par un intérêt fixe, et les actions ne sont pas susceptibles de plus value. Les possesseurs des fonds engagés dans ces sociétés sont à peu près dans la situation d'obligataires, et non d'actionnaires. Ils ont prêté de l'argent et reçoivent en échange un intérêt fixe et généralement assez faible. C'est, en effet, que leurs capitaux ne sont pas la cause de la prospérité de l'entreprise, qui est dûe à la consommation des clients. Ils n'ont pas droit aux bénéfices.

Mais d'abord, y aura-t-il des bénéfices ?

A vrai dire, la thèse que la coopérative devrait céder à ses membres ses marchandises au prix de revient, si elle a été théoriquement soutenue ne se discute plus, en fait, aujourd'hui. Il n'est évidemment pas possible de vendre au prix coûtant, car l'association perdrait ainsi ses frais généraux, et il n'est pas non plus pratiquement très possible de déterminer, à priori, la majoration exacte qu'il faudrait imposer aux différents articles pour couvrir ces frais généraux et constituer les réserves indispensables. Il est beaucoup plus pratique de vendre au prix courant de la région, en se réservant, comme bénéfice ou « trop perçu » la différence entre ce prix et le prix de revient.

Mais comment et à qui attribuer ces bénéfices ?

Cette question a été très discutée. Les uns, soucieux de poursuivre un but communiste et égalitaire, estiment que ces gains doivent être uniquement affectés à des œuvres de solidarité intéressant tous les membres de la société coopérative. Les autres, répartissent les « trop perçus » entre les associés au prorata du montant de leurs achats. Cette pratique s'inspire des conditions mêmes de la société coopérative de consommation, qui semble bien avoir pour fonction de faire profiter les consommateurs de la régularité et de l'importance de leurs achats. Elle intéresse les associés, intéresse les ménagères elles mêmes à se fournir le plus possible à la coopérative, à en surveiller les affaires et la gestion. Elle apporte dans le budget ouvrier, normalement si resserré, des disponibilités périodiques très appréciées. On sait, du reste, que certaines coopératives ne distribuent leur trop perçus que sous la forme de bons de consommation, s'attachant ainsi le coopérateur par les avantages mêmes qu'elles lui apportent.

Ces deux méthodes poursuivent toutefois un même but, qui est de réduire la rémunération du capital social, et de faire profiter du bénéfice la clientèle qui, par son action organisée, assure la prospérité de l'entreprise.

Quant aux divergences qui se rencontrent dans le mode de répartition des gains, elles sont analogues à celles qui se présentent dans la rémunération du travail, et le problème qu'elles soulèvent peut se formuler ainsi : les travailleurs ou les consommateurs associés doivent-ils, pour des motifs égalitaires, recevoir des rémunérations identiques, ou leurs gains doivent-ils être proportionnels aux services qu'ils ont rendus à l'entreprise ou à leurs besoins manifestés par les quantités consommées.

Il semble que, quelle que paraisse être la valeur morale de la première solution, la seconde, au moins dans l'état actuel, satisfasse mieux à la fois à un principe tout aussi défendable de justice distributive et à la nécessité d'assurer le bon fonctionnement et le développement des associations de travailleurs ou de consommateurs. En tout cas, c'est là le système qui paraît avoir été couronné par le succès.

Une autre question qui a été longtemps débattue est celle de savoir si la coopérative doit vendre à d'autres qu'à ses membres ou bien à ses membres seuls.

En France, lorsque cette dernière forme de coopérative était encore dispensée de la patente, comme ne faisant pas à proprement parler acte de commerce, les avis étaient partagés.

Aujourd'hui que, à la suite d'une campagne des petits commerçants (qui, dans ce cas, comme dans quelques autres, ont montré combien ils entendaient mal leurs propres intérêts), la patente est appliquée dans tous les cas ; les coopératives n'ont plus aucune raison de ne pas vendre à tout venant (et elles sont ainsi encouragées à faire une concurrence beaucoup plus grande aux petits commerçants) ; elles ont bientôt fait de rattraper le prix de la patente sur le développement d'affaires qui leur est ainsi amené. Et elles y ont gagné en même temps de ne pas paraître jouir d'une législation d'exception. De plus, les avantages qu'il aurait à être non seulement client, mais associé, ne peuvent manquer de frapper l'acheteur occasionnel : et ainsi, la coopérative recrute de nouveaux associés.

Sous quelque forme que ce soit, du reste, l'association coopérative de consommation fonctionne essentiellement sous le contrôle de la clientèle. Clients et actionnaires se confondent pour la plus grande part. Ils constituent l'assemblée générale qui nomme le conseil d'administration, les commissaires chargés de surveiller les administrateurs et de veiller au bon fonctionnement de l'entreprise. Les clients peuvent s'assurer directement de la bonne qualité des marchandises et, d'autre part, l'administration est tenue au courant des goûts des acheteurs et des réformes qui peuvent être désirées par l'ensemble des clients.

En somme, par sa constitution et son fonctionnement, la société coopérative associe et organise la clientèle.

Par une suite nécessaire, elle arrive à exercer aussi une influence sur la production elle-même. En effet, une grosse difficulté pour les sociétés coopératives de consommation est de se procurer, à bon compte, des marchandises de bonne qualité.

Une petite société isolée est souvent livrée sans défense aux courtiers ou aux marchands de gros, et ainsi les consommateurs, qui se sont associés pour échapper aux petits commerçants grevés de trop de charges, retrouvent ces mêmes charges dans leurs propres rapports avec les gros commerçants ou les producteurs. Les sociétés coopératives sont ainsi conduites à se fédérer pour constituer des sociétés d'achats en commun qui rempliront, à l'égard des associations isolées, la même fonction que celles-ci remplissent à l'égard des consommateurs.

Mais bientôt après, par un développement nécessaire, les fédérations de coopératives ne se bornent pas à l'organisation de magasins de gros ; elles s'efforcent de constituer, sous leur direction, des entreprises de production.

La constitution de ces entreprises apparaît comme un phénomène économique important. Tandis qu'actuellement l'industriel s'efforce d'imposer une grande quantité de ses produits, et que le commerçant favorise cette tendance, en surexcitant par tous les moyens le pouvoir d'achat des consommateurs, le développement des fédérations de coopératives témoigne d'une tendance beaucoup plus organique. La production serait placée de plus en plus sous la direction et le contrôle des consommateurs.

En dernière analyse, les sociétés coopératives de consommation seraient, dans une société socialiste, les organes régulateurs de la production. Le producteur serait guidé, dans son action, par la nécessité de servir les intérêts et les goûts du plus grand nombre et ne serait pas dirigé uniquement, souvent au hasard, du reste, par le désir de produire et de vendre toujours davantage pour accroître son profit.

En France, les sociétés coopératives de consommation n'ont pas toujours rencontré beaucoup de faveur auprès des pouvoirs publics, car les petits commerçants passent pour jouir d'une grande influence électorale. C'est à la demande des petits commerçants qu'on les a récemment soumises, dans tous les cas, à l'impôt de la patente. Cette obligation ne contrarie pas, semble-t-il, leur développement qui tient à des causes économiques plus profondes et plus durables que n'est l'octroi d'une immunité fiscale ; au contraire même, elle le favorise peut-être.

Ici, comme dans le cas des syndicats, le législateur, l'Etat, n'a à peu près pas de rôle propre à accomplir, pas d'action à exercer. S'il veut intervenir, il risque d'entraver plus que d'aider ; il n'a qu'à assurer les conditions d'un plein et libre développement.

Coopération Agricole

Nous avons laissé de côté, jusqu'ici, les associations de petits propriétaires et petits exploitants agricoles. Il semble préférable, en effet, de les grouper ; car, sous leurs différents types, elles tendent à réaliser un même dessein qui est l'organisation de la production agricole, dans les parts de cette production que le producteur isolé ne peut plus accomplir avec succès.

Ces associations se sont développées au cours des crises économiques qu'a subies depuis une vingtaine d'années la petite propriété rurale.

Elles ont permis aux cultivateurs d'améliorer leurs procédés de culture, de se procurer des avances et d'assurer la vente de leurs produits. D'autre part, elles leur ont donné le moyen de se soustraire aux exigences d'industriels ou de commerçants parfois peu scrupuleux. Elles les enlèvent à la domination des fournisseurs de machines et d'engrais ; elles les dispensent de faire appel aux usuriers, aux petits banquiers, aux commissionnaires pour la vente, qui profitaient de leur situation précaire ou de leur ignorance pour les exploiter.

En somme, ces associations remplissent une fonction analogue à celle des sociétés coopératives.

Elles font accomplir des fonctions économiques que remplissaient des intermédiaires indépendants, n'ayant leur raison d'être que dans un système économique inorganique, par l'association elle-même des producteurs intéressés, et au profit de ces producteurs.

Le syndicat agricole est un organe de la production. Il associe des cultivateurs en vue de l'achat en commun des semences, des engrais et des machines agricoles dont ils ont besoin.

Grâce au syndicat, les cultivateurs ne sont plus victimes des fraudes que pratiquent souvent les marchands de semences et d'engrais ; et ils se procurent ces diverses marchandises à meilleur compte. D'autre part, ils font au syndicat agricole leur éducation technique ; ils apprennent à y perfectionner leurs moyens de culture et à utiliser des procédés nouveaux.

Tandis qu'un commerçant quelconque ne cherche qu'à vendre ses produits de façon à en tirer le plus gros bénéfice possible, le syndicat est un conseiller soucieux avant tout des intérêts de ses sociétaires.

Les syndicats agricoles ont pris un grand développement en France, ils ont joué un rôle important dans la lutte contre le phylloxéra, et ils contribuent à améliorer la situation économique de la petite propriété paysanne.

Mais il ne suffit pas d'offrir, à bon compte, aux agriculteurs les instruments de production dont ils ont besoin et de les orienter vers de nouvelles méthodes de culture. Il faut aussi leur fournir le moyen de se procurer ces marchandises. Or, le petit propriétaire consacre souvent toutes ses économies à l'achat de terres, et il ne se réserve pas des avances suffisantes pour en obtenir le meilleur rendement.

Pour améliorer ses cultures, ou pour supporter les mauvaises années, il lui faut recourir à des prêteurs qui lui procurent de l'argent à un taux usuraire ; il hypothèque son bien ; et, pliant sous le fardeau de sa dette, il passe sa vie à acquitter ses obligations. Il n'est pas plus indépendant dans son bien propre que le fermier sur la terre d'autrui. Il importe donc de procurer au petit cultivateur les fonds dont il a besoin, moyennant un faible intérêt.

Tel est le but que poursuivent les caisses de crédit agricole, qui, en France, sont étroitement liées aux syndicats agricoles ; car elles participent à la même fonction. Ces caisses, qui se sont beaucoup développées en Allemagne et en Italie, se créent selon deux types différents. Les unes sont de véritables banques recevant en dépôts les fonds de certains associés et les prêtant à d'autres, faisant l'escompte des warrants et les prêts hypothécaires ; les autres sont de véritables sociétés de crédit mutuel. Elles n'accumulent pas de grosses réserves, et leur solvabilité repose sur la responsabilité solidaire et indéfinie de leurs membres. Il semble que ces deux formes de caisses correspondent à des conditions économiques et à des habitudes sociales différentes. Le plus souvent, les caisses locales de crédit agricole se fédèrent en caisses régionales, afin de se soutenir réciproquement et de donner plus d'importance à leurs opérations.

Les caisses de crédit agricole cherchent à obtenir de leurs adhérents le plus de garanties possibles. Or il en est une que l'association peut exiger : c'est la protection de son gage contre certaines causes fortuites de destruction.

Aussi, le plus souvent, les syndicats et les caisses de crédit agricole se complètent-ils par des caisses d'assurances mutuelles contre la mortalité du bétail, et même contre la grêle et l'incendie. Les premières sont les plus répandues. Beaucoup de syndicats et de caisses de crédit imposent à leurs adhérents l'obligation de s'y affilier. Ces sociétés d'assurances, étant le plus souvent trop faibles pour supporter les gros sinistres, se fédèrent en sociétés de réassurances. Il serait désirable que l'assurance mutuelle contre la grêle et l'incendie prît en France un plus grand développement, analogue à celui qu'elle a pris dans d'autres pays voisins.

Les petits cultivateurs ne rencontrent pas seulement de grandes difficultés dans l'exploitation de leurs terres, ils trouvent rarement à vendre leurs produits dans de bonnes conditions. Souvent ils ne connaissent pas le marché pour lequel ils produisent et sont obligés de s'en remettre aux intermédiaires qui leur achètent leurs denrées à vil prix, Parfois, le produit agricole doit subir une transformation avant d'être consommé. Tantôt, son emballage pour l'expédition exige un tri et une manipulation délicate; tantôt il doit être traité habilement pour être adapté au goût du client, ainsi le vin, l'alcool. D'autres fois, il doit subir des transformations plus complètes, le blé au moulin, la betterave à la sucrerie.

Dans ces différents cas, le cultivateur est dans la dépendance de l'intermédiaire qui assure l'écoulement du produit sur le marché.

Les sociétés coopératives agricoles ont pour objet de remplir la fonction de ces intermédiaires.

Il ne faut pas les confondre avec les sociétés coopératives de production; car elles ne réalisent pas en commun la part principale de la production.

Elles ne sont pas non plus des coopératives de consommation qui ont pour but l'achat en commun, et subsidiairement la production.

Elles sont des coopératives d'une nature spéciale, des associations de vente en commun. Elles correspondent à un changement dans les habitudes économiques, qui s'est produit à la suite du développement des moyens de communication et de l'accroissement des agglomérations urbaines, et qui a fait apparaître, aux dépens du petit producteur vendant lui-même son produit, une catégorie spéciale de commerçants et d'industriels exploitant les produits agricoles. On pourrait comparer, dans une certaine mesure, cette transformation à celle qu'a subie la petite production artisane en face de la grande industrie.

Les sociétés coopératives agricoles sont donc des associations de cultivateurs qui se proposent de se réserver tout le profit de la transformation et de la vente de leurs produits. Ces sociétés commencent à se développer en France. Il existe déjà de nombreuses laiteries coopératives, des caves pour la vinification, des distilleries, des magasins pour l'expédition des fruits, des légumes et des œufs.

On peut imaginer le développement que pourraient prendre ces sociétés. La sucrerie, la meunerie, la fabrication des conserves de viandes et de légumes sont au nombre des industries qu'elles pourraient entreprendre.

Mais, en dehors des avantages matériels qu'elles procurent immédiatement à leurs sociétaires il est une autre fonction que remplissent ces sociétés coopératives.

Elles exercent une grande influence sur la production. En effet, comme elles s'occupent de l'écoulement des produits, elles observent les conditions dans lesquelles s'effectue cette vente. Elles apprennent à connaître les goûts de la clientèle et la quantité des marchandises qui trouvent place sur le marché. Par suite, elles s'efforcent d'adapter la production aux besoins commerciaux, elles peuvent la limiter, la diriger dans un certain sens, exiger certaines qualités. Et ainsi, elles jouent vis-à-vis de la production agricole un rôle analogue à celui que remplissent les sociétés de consommation par rapport à la production industrielle.

Bien plus, ces sociétés coopératives de vente s'efforçant d'entrer en rapport direct avec le client, pourront s'adresser aux coopératives de consommation. Les sociétés de vignerons se sont déjà engagées dans cette voie ; et, en dernière analyse, c'est sous la direction et le contrôle des consommateurs que dans une société bien organisée s'accomplirait ici aussi, et par cet intermédiaire, le processus de la production.

Coopération de Crédit

Les sociétés coopératives de crédit ont pour but de soustraire leurs adhérents aux exigences des banquiers ou plutôt des usuriers.

Ces sociétés se forment le plus souvent entre des petits producteurs ou des ouvriers auxquels les banquiers proprement dits ne consentiraient pas d'avance.

Nous avons déjà consigné les observations les plus importantes sur cette question, quand nous avons parlé de la coopération agricole.

Aussi, nous bornerons-nous ici à examiner deux formes de société de crédit, dont le rôle ne parait pas toujours très exactement compris : les sociétés de prêts mutuels et les sociétés de crédit pour la construction des habitations à bon marché.

Les *sociétés de prêts mutuels*, constituées entre artisans, ne donnent que de médiocres résultats. Si elles peuvent jouer dans une certaine mesure le rôle de sociétés de secours mutuels, et soutenir provisoirement des artisans victimes d'un sinistre, elles ne sauraient aider tous les artisans d'une localité à traverser une crise. Et ainsi elles échouent dans leur tâche essentielle.

Quant *aux sociétés de prêts d'honneur*, elles sont peu nombreuses, et elles ne paraissent avoir réussi que lorsqu'elles ont eu une clientèle d'employés ou de petits fonctionnaires à traitement fixe. C'est qu'en réalité (et les commerçants le comprennent bien, quand ils consentent du crédit), un traitement fixe et régulier constitue un véritable gage pour le créancier. Les ouvriers, au contraire, ont surtout besoin de crédit quand leur salaire vient à manquer. Aussi, peut-on se demander si l'organisation des assurances qui garantissent à l'ouvrier des ressources pour la période de chômage ou de maladie ne rendrait pas inutile une institution de crédit mutuel dont le bon fonctionnement paraît très problématique.

Les institutions que l'on désigne sous le nom de *sociétés pour la construction d'habitation à bon marché* sont très souvent des associations coopératives de crédit, destinées à permettre à des individus sans fortune de se rendre acquéreurs de petites maisons payables par annuité. L'Etat favorise de ses exemptions fiscales ce désir de petites propriétés qui lui semble un gage de paix sociale.

Ces sociétés se distinguent des véritables coopératives de consommation, en ce qu'elles distribuent leurs bénéfices à leurs actionnaires au prorata de leur capital, et ne font profiter les locataires des « trop-perçus » qu'indirectement et non à titre de locataires. Le principe en est donc moins neuf que celui de la répartition des bénéfices du système rochdalien.

En résumé, les institutions coopératives de crédit, sauf en ce qui concerne le crédit agricole, sont peu développées ; et il semble que la fonction qu'elles tentent d'assumer serait mieux remplie par des banques bien organisées et *étatisées*.

Conclusion

Ce qui précède suffit, croyons-nous, à montrer quelle peut être l'importance de toutes les institutions coopératives dans la transformation économique que préconise le socialisme. Dans ses formes qui réussissent et se développent spontanément de mieux en mieux — coopérative de consommation aboutissant à organiser la production, coopérative agricole spécialement adaptée aux conditions de la production agraire — la coopérative enlève la direction et le profit de l'œuvre commerciale, industrielle, agricole, au patron et au capitaliste, pour attribuer l'une et l'autre à une collectivité de consommateurs et de travailleurs.

Peut-on cependant attendre de ce mouvement seul la refonte de notre système économique ?

Si la logique même du développement coopératif oriente de plus en plus la coopération vers une organisation véritablement collectiviste; s'il est de première importance que, par la coopération et l'extension croissante de ses entreprises, de ses fédérations, de ses unions, la classe ouvrière et consommatrice apprenne la science et la pratique de la gestion économique et prouve au monde et à elle-même qu'elle est en mesure de l'assurer dans certaines conditions, il semble toutefois que les voies coopératives ne suffisent pas à résoudre le problème de l'organisation économique nouvelle dans tous les domaines, à fournir le moyen de balancer le poids de la richesse acquise, la force de la propriété constituée des moyens de production qui ne sont pas illimités et ne peuvent être obtenus à volonté.

Les coopératistes nous montrent une société où les

consommateurs, c'est-à-dire la collectivité, ont la direction de toute la vie économique ; mais ils veulent ne se servir, pour socialiser la richesse, que des bonis que la coopération permet aux consommateurs d'épargner. C'est un levier trop faible pour un effort si grand ; à n'employer que lui, on se condamnerait à attendre trop longtemps des effets appréciables.

Le seul moyen pratique de remplacer le salariat par une organisation basée sur un principe d'Egalité et de Justice, est de socialiser la plus grande partie des richesses, et, en particulier, les moyens de production et de circulation.

Seule, la méthode de la socialisation crée une solidarité étroite entre les individus, seule elle concilie l'intérêt général et l'intérêt particulier, seule, enfin, elle permet une répartition quasi égalitaire par l'attribution d'un dividende à chaque membre de la vaste coopérative en laquelle, par l'application de cette méthode, la société se trouvera transformée.

9 782013 681094